655
668
A

# AUX PAYSANS.

## DEUXIÈME CAUSERIE ÉLECTORALE

PAR

### ADOLPHE LAMBERT (DE NANCY),

**Auteur du Système de la Justice gratuite.**

*Deuxième Édition.*

### NANCY,

Au bureau du *Travailleur*, passage du Casino, et chez les principaux
Libraires de la Meurthe et des départements voisins.

## Aux Paysans.

Habitants des campagnes, les élections dépendent de
vous. Les ouvriers des villes vous tendent les mains, les
beaux messieurs cherchent à vous séduire, de quel côté
vous porterez-vous ?

Si je pouvais vous placer dans un cabinet dépendant
du local où se réunissent les réactionnaires, *blancs* ou
*bleus*, je n'aurais rien à vous dire, rien à vous apprendre ;
vous seriez parfaitement édifiés, soit en reconnaissant
parmi eux toutes les sortes d'hommes qui ont intérêt à em-
pêcher les réformes, — que la *bonne* république réalisera
dès qu'on lui laissera faire son petit bonhomme de chemin, — soit en prêtant l'oreille à leur conversation. Il faut
voir comme ils vous traitent, ces ex-nobles, ces aristocra-

tes de la bourgeoisie, ces grands seigneurs de la finance, ces beaux marquis des administrations ! Ça dit : *les paysans, mon canton, mes ouvriers*, comme autrefois vos seigneurs disaient : *les manants, ma baronnerie, mes serfs*. Oui, ce nom de *paysan*, dans leur bouche, est l'équivalent d'une chose qu'on exploite et qu'on méprise.

Mais, ce nom, comme l'a si bien dit un républicain, Félix Pyat, est le plus vrai, le plus vieux titre de noblesse et de gloire ; c'est le nom patriote par excellence.

« Paysan veut dire homme du pays, cultivateur du pays, défenseur du pays.

» C'est en effet le paysan qui cultive la terre, c'est lui qui la féconde de ses sueurs, c'est lui le nourricier du peuple, c'est lui qui produit le pain et le vin, ces deux éléments de la force humaine, ces deux signes de la communion religieuse choisis exprès pour prouver que le besoin unit l'homme à l'homme, à la nature et à Dieu.

» C'est lui, citoyens, qui brave l'inimitié des saisons, qui combat, qui soumet le globe et conquiert les moissons.

» Ah ! celui qui nourrit le pays peut bien s'appeler le paysan.

» C'est encore le paysan qui défend la terre, cette terre marâtre qui n'a que des rigueurs pour lui, où il ne trouve de repos qu'à la mort ; c'est lui qui la défend, qui verse le plus de sang pour elle ; qui change, quand il le faut, de fer comme de moisson ; qui marche à la frontière, pieds nus, sans pain, au chant de la *Marseillaise*, formant les quatorze armées de la République et fauchant l'ennemi comme un blé mûr.

» Ah ! celui qui a sauvé le pays doit s'appeler le paysan.

» Ainsi donc, honneur au soldat comme au laboureur, deux fois honneur au paysan !

» Quant à leurs seigneurs et maîtres, quant à ceux qui donnent ce nom de paysan aux autres, ils ont raison, ils sont indignes de le porter.

» Ils ne le méritent pas ; ils n'y ont pas droit ; ils ne sont pas paysans, au contraire. Ces gens-là sont, comme dit Homère, les inutiles fardeaux de la terre.

» La terre, ils l'ont asservie et non servie ; ils l'oppriment plutôt qu'ils ne l'habitent ; que dis-je, ils l'abandonnent à l'heure du danger, après en avoir joui dans les temps de loisir ; ils en montrent le chemin à l'étranger.

» Ils trahissent, ils vendent la patrie. Oui, ils l'ont vendue et en ont reçu le prix, l'indemnité du milliard, ce denier de Judas, avec cette différence que Judas, après avoir reçu l'argent, allait se pendre de honte, et qu'eux ils sont allés danser.

» Ils ne sont donc pas des paysans, ils ne s'appellent pas les paysans ; ils s'appellent les nobles, ils s'appellent les traîtres.

» O chers porte-blouses ! vous tous, paysans, ouvriers, pauvres gens des campagnes et des villes, que faisiez-vous pendant que les nobles dansaient avec les alliés ? Vous pleuriez dans vos chaumières, dans vos mansardes, vous pleuriez sur notre honneur et notre fortune en ruine, fidèles à vos regrets et à vos espérances, à la haine des rois et à l'amour du pays, vous gardiez au coin du foyer, auprès de votre fusil encore noir de poudre, quelque sainte image des héros de la France : vous gardiez au fond de vos cœurs la religion de la patrie et de la liberté.

» Et pour comble de misère, les complices de ceux qui avaient tué vos derniers fils, versé votre dernier sang, vous arrachaient encore votre dernier sou pour payer les violons de la danse.

» Paysans, il ne dépend que de vous de ne plus revoir ces jours d'opprobre et de malheur.

» Il dépend de vous que nous ayons vraiment la République, non pas la fausse République, non pas la République du juste-milieu, non pas la République des

Rateau, des Barrot, des Bugeaud, non pas la République des priviléges et des abus, de l'égoïsme et de l'injustice, de la violence et de la peur ; non pas cette République violente à l'intérieur et lâche à l'extérieur, qui veut faire de la France une Hongrie et de nos généraux des bans de Croates ; non pas cette République demi-bourgeoise, demi-troupière, qui met un tricorne par dessus son bonnet de coton ; non pas cette République, ou plutôt cette monarchie sous le nom de République, qui court après les rois et les papes perdus ; non, citoyens ; mais la vraie République, la République démocratique et sociale, la République de crédit et de travail ; où vous puissiez enfin manger le blé que vous aurez semé, et boire le vin que vous aurez récolté !

Il dépend de vous enfin que vos femmes apprennent à leurs enfants, dans la langue républicaine de leur père, ces mots si doux de Liberté, Egalité et Fraternité, ou que le knout des Cosaques, leur apprenne, dans une langue étrangère, les noms durs d'esclaves, de maître et d'ennemi. Paysans, la patrie est encore en danger ! Vous la sauverez encore, non pas cette fois par les armes, mais par les votes, mais par la seule force du nombre et de l'union. Vous sauverez la République, la France et l'Humanité.

» Que la blouse des champs s'entende avec la blouse des villes, car leur cause est commune, c'est la cause du travail ; car vous faites ensemble les frais communs de la paix et de la guerre, car vous payez ensemble l'impôt de l'argent et l'impôt du sang. »

Travailleurs, ils ne peuvent se passer de vous, eux, les aristocrates ; car c'est vous qui les nourrissez, qui tissez leurs vêtements, qui confectionnez leurs carrosses, qui faites valoir leurs capitaux.

Je voudrais bien savoir ce que deviendraient ces beaux messieurs sans vous, si vous ne cultiviez pas leurs fermes, si vos affaires n'alimentaient pas l'Etat qui les fait vivre, si votre industrie n'employait pas leurs capitaux pour leur créer les rentes qui alimentent leur opulente oisiveté. Mais vous, à l'aide de quelques institutions de crédit public, d'entrepôt et d'échange, vous pouvez vous passer d'eux ; entendez-vous donc bien et faites une république pour vous.

*Diviser pour régner* était la devise des rois, c'est encore la devise des classes privilégiés qui veulent dominer le peuple et exploiter le nouveau gouvernement à leur profit. Pour arriver à leur but, rien ne leur coûte ; intrigues, calomnies, tout leur paraît bon ; et voyant que le nombre des travailleurs à la terre et des travailleurs de métier peut les dominer par le suffrage universel, ils cherchent à les diviser en les animant les uns contre les autres. Le principal moyen qu'ils emploient à cet effet c'est d'exciter les campagnards contre les ouvriers de la ville, en présentant mensongèrement ces derniers comme des partageux qui veulent prendre les champs des autres, comme de la canaille, oui, ils disent *de la canaille*, les misérables !

Et pourquoi ? parce que les ouvriers demandent quelques améliorations à leur sort.

Et quel est-il, leur sort, depuis le berceau jusqu'au cercueil ?

L'ouvrier ne tombe pas au monde dans la batiste et les dentelles. Les privations commencent pour lui au sortir du sein maternel ; nourri d'un lait que les chagrins ont appauvri ; vêtu de lambeaux arrachés aux vieilles hardes du père et de la mère ; couché dans des haillons ; laissé seul pendant les longues heures du travail de la famille ; faisant, au milieu des larmes et des cris, l'apprentissage de sa vie de souffrance ; pauvre petit spectateur assistant, dès que ses yeux s'ouvrent, au drame de la misère ; jeté comme une proie facile à toutes les maladies, qu'un peu d'aisance préviendrait ou guérirait sans peine; manquant de feu, manquant d'air; manquant de cette douce chaleur et de ce bon fluide que le bien-être matériel fait courir avec le sang depuis le cœur jusqu'au cerveau, depuis le corps jusqu'à l'âme; abandonné forcément au vagabondage de la rue; entassé plus tard avec cent autres jeunes malheureux dans ces écoles trop pleines, d'où le grand nombre dégage une éducation épaisse et vicieuse, une instruction incomplète et lourde, un nuage de miasmes pestilentiels; au sortir de là, placé dans quelque atelier, dans une fabrique, dans une manufacture; ou bien à la tête d'un troupeau de moutons, à travers champs, sur les grandes routes; ici comme là, rien pour le corps, rien pour l'esprit, rien pour le cœur, rien dans le passé, rien dans le présent, rien dans l'avenir; voilà l'enfant du peuple, jusqu'à sa vingtième année. Et c'est un homme pourtant! Un homme, cette noble créature de laquelle le philosophe Herder a pu dire, après tous les sages et tous les poètes : « Lève les yeux vers le ciel, ô homme, réjouis-toi de l'immense supériorité que le créateur du monde t'a donnée, en te formant pour l'art et le langage, ce présent divin de la parole et des idées, ce souffle éternel, ce germe de la perfection, cet empire sur les animaux, muets enfants de la nature ! »

Mais certes, les animaux dans leur adolescence, pour ne parler que de cet âge, sont mille fois plus heureux que les fils et les filles des ouvriers et des paysans pauvres. Aussi, je vous le jure, pour qu'un enfant du peuple arrive à vingt ans, il faut qu'il ait triomphé de la mort, sa vie n'a été qu'un perpétuel obstacle à la vie. Et, je vous le jure encore, pour qu'un enfant du peuple, à vingt ans, aie de l'intelligence et des qualités, de l'esprit et de la vertu, de la science et de la sagesse; — or, nous en connaissons beaucoup qui possèdent ces avantages, —

il a fallu qu'il fît preuve d'un courage et d'un mérite incomparablement supérieur à ce qu'ont dû dépenser de force et de talent les enfants des riches, pour n'être, au même âge, ni tout-à-fait idiots ni tout-à-fait mauvais sujets.

Et quand arrive cette belle vingtième année, qui doit couronner de fleurs le printemps de la vie, le fils du peuple est-il enfin hors de mal et de péril ?

A vingt ans, il joue sa vie à pile ou face, il tire la conscription. Si le sort lui est contraire et qu'on fasse la guerre, on le tue, lui et ses frères, comme des mouches. Si le sort ou les chances de la paix sont pour lui, il se fait un état comme il peut, il se marie et devient père de famille pour manger du pain dûr et endurer bien des privations, bien des angoisses, bien des douleurs. Puis, lorsqu'il est usé avant le temps par le travail et par la souffrance, il s'en va dans la tombe, laissant, au bord, des enfants qui pleurent leur providence perdue, qui pleureront peut-être bientôt de faim !

Et la fille du peuple !

Elle grandit comme elle peut ; quand ce n'est plus un enfant, elle gagne dix sous par jour, juste pour ne pas mourir d'inanition. Si la nature n'a pas épuisé pour elle tout l'arsenal de ses misères et s'est oubliée jusqu'à lui faire le plus beau cadeau qu'une fille puisse demander au bon Dieu, la beauté, oh ! malheur, malheur sur elle ! car la séduction la menace, car, dans un de ces moments douloureux où elle s'attristera de voir son beau corps couvert de haillons, dans un jour de faim, dans une heure de désespoir, le délire des misères humaines peut l'égarer ; et le riche la guette à la porte, comme le chat guette la souris que la faim pousse hors de son trou, pour acheter ses charmes, son honneur, son âme; et là-bas, un peu plus loin dans la vie, là-bas le vice, l'opprobre, l'hôpital !

Si la tendre sollicitude de sa mère et le bonheur des circonstances la font passer sage du domicile paternel au foyer de l'époux, quelques éclairs de bonheur viennent éclairer son ciel sombre ; elle peut compter dans sa vie de bonnes années, mais que de jours tristes aussi !

Et lorsqu'elle meurt, oh ! lorsqu'elle meurt..... suivez ses enfants ; ils vont à l'hospice où elle fut soignée ; on les fait entrer dans une chambre sombre, au pavé humide ; on va faire l'enterrement, voici le prêtre. — Mais où est donc notre mère ? — Votre mère, mes enfants, mais elle est là près de vous ; voyez-vous ce sac dans un coin, c'est votre mère ; oui, votre mère dans un sac, comme un chien qu'on porte à l'eau ; et l'on va jeter cela dans la fosse, dans ce triste sillon du champ des morts que le fossoyeur retournera un peu plus tard pour y jeter d'autres sacs et d'autres mères, et où vous ne retrouverez pas seulement le nom de la vôtre, pauvres orphelins, car il n'y a que les riches, dans les villes, qui puissent garder sur des monuments funéraires, le nom de leurs parents morts !

Et dire qu'à Paris, les deux cinquièmes de la population meurent à l'hôpital !

Et à Nancy, il y a deux ans, à Nancy, cette ville coquette, sur 35,000 habitants, 14,000 étaient inscrits sur les registres de secours !

Et les choses vont si bien, de monarchie en monarchie, que le nombre des français recevant des secours de la charité publique ou privée montant à trois millions à l'époque de la première République, s'élève aujourd'hui au chiffre effrayant de huit millions ! ! !...

Huit millions de malheureux en France, rien que cela ! Et l'on s'étonne qu'il y ait des hommes qui vouent leur intelligence à la recherche des moyens capables d'arrêter la misère !

Oh ! je ne sais pas, mes frères du village, ce que vous

pensez de mes frères adoptifs de la ville, mais si j'en juge par mon cœur, — et l'on naît bon au village, car on y souffre moins qu'à la ville, — vous aurez souci du sort du pauvre monde ; car à cette cause de la misère, à ce parti de la faim, à ces légions de deshérités, je me sens moi, qui ne vaux pas mieux que vous, moins peut-être, je me sens disposé à donner mon cœur, mon intelligence, ma vie ; et je bénirais Dieu, oui, je bénirais Dieu, si en fermant ma paupière par une mort prématurée, mon dernier regard avait vu se lever pour eux l'aurore de meilleurs jours.

## Des Candidats.

Les charlatans font sonner la trompette et battre la grosse-caisse ; ils montent leur babil au plus haut diapazon, se lancent dans des phrases à perte de vue, appellent au secours de leur stratagème les mots les plus vagues, les locutions les plus creuses ; ils prêtent à leur poudre insignifiante et à leur eau colorée des vertus mensongères, afin de faire le plus de dupes possibles. C'est ainsi que procèdent certains candidats à la représentation nationale. Par le temps de réaction qui court les charlatans politiques amassent les badeaux autour d'eux, en faisant un affreux tintamare, non point de grosse-caisse et de cimballe, mais de gros mots, de menaces retentissantes, de peur et d'alarme ; ils sonnent une espèce de tocsin de tous les égoïsmes aux abois ; et quand ils voient le public réuni, l'œil ouvert, la bouche béante, inquiet et attentif : « La société, s'écrient-ils, est malade. La propriété, la Religion, la Famille sont en danger. Nous venons guérir la société et sauver la Famille, la Religion, la Propriété ! »

Et nous les écoutons, imbécilles que nous sommes ! Que dis-je ? beaucoup croient à leurs mensonges et les considèrent comme les guérisseurs de tous les maux présents, passés, futurs, nouveaux. Electeurs, les candidats de cette sorte ne sont que des marchands de paroles, dont la conscience tourne comme la langue, dont le savoir est dans les mots, dont le métier est de construire des tours de Babel. Ce sont des avocats politiques qui diraient volontiers, en bavardant pour ou contre la République, pour ou contre la Royauté, pour ou contre le Peuple, pour ou contre tout, ce que disait un précepteur de prince à son élève : Monseigneur, je viens de vous prouver que Dieu existe ; maintenant je vais vous prouver qu'il n'existe pas.

Sans doute, la société est malade ; mais ce n'est pas dans ses organes de propriété, de famille, de religion. —Je vous ai prouvé, dans ma première brochure, que tout cela était en parfaite sécurité sous la République.— La société n'est malade que d'une révolution rentrée ; et ce n'est pas avec la diète, ni avec une potion de royalisme, ni avec une infusion de Cosaques qu'on la guérira.

Comme contraste aux candidats précédents, il s'en trouve qui ne se montrent pas et ne disent mot. Seulement des compères les prônent comme des saints, et ils réussissent d'autant mieux à vous les faire adorer, qu'ils tiennent la châsse à distance et que vous ne pouvez juger, par vos propres yeux, du véritable état de leurs reliques. Ces finauds sont tout simplement des hypocrites, des traîtres, qui songent, comme on dit, à ménager la chèvre et le chou ; ce sont des masques, des arlequins bariolés, des paillasses qui sautent pour tout le monde, des hommes qui ne se compromettent jamais, qui ne prennent aucun engagement afin de pouvoir tromper toujours ; ce sont des candidats-liéges qui reparaissent constamment sur l'eau ; des habiles qui, le lendemain des révolutions, on ne sait comment, occupent toutes les places, tous les emplois, tous les abords du gouvernement, quel que soit d'ailleurs le drapeau du pays, quels que soient nos besoins, quelle qu'ait été leur précédente cocarde : heureuses gens qui, le sourire sur les lèvres et la main sur la conscience, c'est-à-dire sur la place où l'on a d'ordinaire la conscience, car eux n'en ont pas, peuvent toujours crier avec le même petit fausset : — Vive le roi! vive la ligue! Ce sont eux qui criaient le 23 Février : vive Guizot; le 24 : vive la République; hier : vive Bonaparte; qui sont disposés à crier demain vive Henry V. Electeurs, méfiez-vous de ces gens-là.

D'autres se présentent le front haut, le regard assuré; se drapent dans leur position sociale; croient n'avoir besoin de vous donner aucune explication lorsqu'ils ont dit : *Nous sommes des gens comme il faut.*

Prenez-y garde, mes amis; ce sont précisément des gens comme il n'en faut pas. L'histoire du passé vous apprend que tous ces grands seigneurs de la bourgeoisie, de la finance et des administrations étaient ceux qui se vendaient le plus facilement, qui se faisaient payer le plus cher et qui valaient le moins. Si vous voulez semer dans vos avoines des chardons au lieu de trèfle, prenez cette graine de représentants.

Vous trouverez en outre dans tous les partis des *poseurs* qui affectent de grands airs et se mettent en avant sans avoir l'activité, le dévouement, l'intelligence qui constituent les véritables chefs. Ils sont à ceux qui font marcher la cause, ce qu'est à un attelage la mouche qui, à force de bourdonner aux oreilles des chevaux, s'imagine faire avancer le charriot. Cependant, en se vantant un peu, en dépréciant les autres, en abaissant ce qui les dépasse, en brisant ce qui les gêne, médisant ici, calomniant là, et se faisant du mérite d'autrui un marche-pied, ils finissent par être en évidence. Si vous rencontrez de ces gens-là sur le chemin électoral, travailleurs, passez à côté et gardez votre casquette sur la tête. Les idoles ne vaudraient pas vos hommages ; ce sont des colosses d'argile, à la tête creuse, au cœur sec, des outres gonflés de vent. Pressez-moi cela, je vous prie : il n'en sortira rien. Ces matadors sont tout bonnement des sots, gonflés de présomption, de suffisance, d'impertinence ; truffés, lardés, gantés, parfumés ; étalant leur poitrine, levant haut la tête, regardant avec dédain, parlant en maître, repoussant les blouses, faisant fi sur l'ouvrier ; prenant, quand on les contredit, des airs de spadassin ; se disant, avec la grâce qui devait caractériser la grenouille tâchant de devenir bœuf : L'Etat, c'est *moi !* le parti, c'est *moi !* la cause, c'est *moi !* Ne vous en laissez pas imposer par leur jactance ; cherchez dans leur passé autre chose que des apparences de patriotisme ; cherchez-y des œuvres sérieuses, utiles à la cause des travailleurs, vous n'en trouverez pas ; pour mieux les connaître, informez-vous du monde au milieu duquel ils vivent : *Dis-moi qui tu hantes, je te dirai qui tu es ;* tâchez de découvrir les mobiles de leurs actions, et si vous parvenez à savoir qu'ils n'aiment pas le peuple et qu'ils ne sont entrés dans les rangs de ses défenseurs que pour avoir les honneurs et les profits des positions élevées, ne leur accordez pas vos suffrages. Ce n'est pas pour vous qu'ils travailleraient.

Des candidats presque aussi mauvais que les précédents, ce sont les politiques purs, les républicains à l'eau de rose. Sous la monarchie ils furent, j'en conviens, des hommes d'opposition ; ça leur procura dans leurs localités un certain relief ; mais depuis la Révolution, ils nous ont donné de bien tristes preuves de leur savoir-faire ; ils ont eu le gouvernement entre les mains et ils ont paralysé, que dis-je ? ils ont compromis la République ! Or, nous devons nous faire ce petit raisonnement : si les hommes qui ne considèrent la démocratie que comme un simple changement de forme de gouvernement, n'ont rien produit faute d'idées organisatrices ; s'ils ont embourbé jusqu'aux moyeux le char de la Révolution à défaut d'allures assez vives, faute de force, par manque de vigueur, il y a une chose bien simple à faire : c'est de changer d'attelage ; il s'agit de sortir de l'ornière et de pousser en avant; prenons des hommes résolus. Nous avons à passer aujourd'hui notre pont d'Arcole ; c'est aux vaillants à saisir le drapeau et à le planter en face de l'ennemi.

Ne repoussons pas les modérés, cependant; — non, pas de politique de casse-cou, car nous avons besoin de toutes nos forces devant le péril ; — mais qu'ils passent à l'arrière-garde, et choisissons ailleurs nos chefs de file.

Pour tous les candidats, posez-vous cette question : qu'ont-ils fait pour mériter d'être représentants ?. Si vous n'y trouvez pas de réponse; si votre attention n'a été attirée sur eux que parce qu'ils se sont mis en avant, ou parce qu'ils ne possèdent qu'une popularité de camaraderie, cherchez ailleurs. Il ne suffit pas d'être un ambitieux ou un bon homme pour mériter l'insigne honneur et remplir la mission difficile de représenter les intérêts populaires; il faut avoir des capacités et du dévouement à offrir à cette grande et sainte cause.

Conclusions :

Vous n'écouterez point le bavards ;

Vous dédaignerez les finauds ;

Vous mépriserez les matadors ;

Vous ne vous contenterez pas des démocrates de parade ;

Vous donnerez leur congé à ceux qui n'ont rien su faire ;

Vous reconnaitrez que, dans des moments de crise, comme celle où nous sommes, les modérés ne sont propres à rien.

Bavards, paradeurs, ambitieux, impuissants et compagnie, voilà tous ceux qu'il serait imprudent de choisir ; c'est assez vous dire ceux qu'il convient de nommer ; c'est vous faire comprendre qu'il faut des hommes de conviction, énergiques, dévoués, intelligents, dignes enfin, par la tête et par le cœur, d'être les interprètes du Peuple.

Ce n'est pas tout !

Quand vous faites un marché, vous avez bien soin d'y mettre toutes les herbes de la Saint-Jean. Lorsque vous prêtez à un ami, vous prenez la précaution d'exiger, outre sa parole, une promesse écrite ; vous allez même quelquefois — avouez-le, entre nous, personne ne le saura, — jusqu'à suivre du coin de l'œil la plume qui trace le billet, pour être bien sûr que rien n'y manquera. Pourquoi ne procéderiez-vous pas de même avec les candidats ? Est-ce que la confiance que vous leur prêtez ne vaut pas bien une pile d'écus ? Prenez vos garanties, et ne perdez pas de vue ce proverbe qui nous a été transmis par nos pères : *La défiance est mère de la sûreté.*

Vous soufflerez donc un mot, de ce que vous désirez, dans le tuyau de l'oreille du candidat ; s'il dit oui, topez en main. S'il dit non et qu'il persiste à vous demander l'aumône d'un vote, répondez lui : Dieu vous bénisse.

L'honnête candidat n'hésitera pas à s'engager, pas plus que n'hésite l'honnête emprunteur pour souscrire l'obligation de rembourser. Mais les malins, les sournois, les ambitieux qui ont l'intention d'éluder leur parole, de renier leurs principes ou de vendre leur conscience, tâcheront de vous entortiller, ne donneront aucun gage de leur foi, se prévaudront de toutes sortes prétextes pour ne pas s'enferrer dans un engagement positif. Il vous diront très-probablement que la loi ne reconnaît pas de mandats impératifs. C'est vrai, la loi ne reconnaît pas les mandats impératifs en ce sens, que vous ne pouvez commander à votre représentant de faire telle et telle chose. Mais on peut vous *offrir* ce que vous ne pouvez pas *exiger*, et, entre celui qui jouera franc jeu et celui qui finassera, vous n'hésiterez pas, je pense, à donner la préférence à l'homme loyal, vous la donnerez au bon sur le mauvais, au certain sur le douteux; au capable sur l'ignorant, à l'énergique sur l'indolent. Vous choisirez des républicains actifs, dévoués, intelligents.

Il y a un bien grand écueil dont vous aurez à vous garer: Vous allez vous trouver en face d'une foule de candidatures, qui diviseront vos suffrages, et vous feront échouer si vous n'y prenez garde. Trop près encore d'un temps où les électeurs nommaient leurs députés par arrondissement, dans des intérêts de clocher, nous tenons beaucoup trop à ce que les candidats soient pris dans telle et telle contrée; et pourquoi cela? je vous le demande; par amour-propre, par gloriole. C'est bien triste, allez! de s'arrêter à des questions si mesquines, quand il s'agit de principes, lorsqu'il est question du salut de la patrie.

Si nous nous divisons, si chaque arrondissement, si chaque canton veut compter ses candidats; si chaque localité en présente de particuliers, notre cause est perdue. Sauvons-là en nous souvenant que les mandataires du Peuple ne représentent pas des portions de territoire, mais des principes, des vœux, des espérances. Tâchons que chacune des questions importantes du programme électoral soit représentée par des hommes spéciaux, n'importe d'où ils viennent. Est-ce qu'une députation, dans laquelle l'agriculture serait représentée par deux cultivateurs — je dis deux en raison de l'importance des intérêts agricoles, — les intérêts vinicoles par un vigneron, les besoins du commerce par un modeste négociant, l'industrie par un travailleur, la misère par un prolétaire, la propriété par un possesseur laborieux, l'instruction par un instituteur, les principes politiques par un démocrate de talent, est-ce qu'une telle députation ne vaudrait pas mieux qu'une représentation qui ne représenterait rien du tout, si ce n'est des coteries et des amours-propres ?

Choisissez-donc des hommes spéciaux, et parmi ceux-ci prenez de préférence ceux qui ont, outre de bonnes intentions, un talent capable d'émettre nos vœux, de défendre nos intérêts, de lutter contre toutes les belles langues qui en disent pis que pendre sur le compte du pauvre peuple. Ceci est plus important que vous ne le pensez ; car, ceux qui ne peuvent rien dire dans les discussions, ont presque toujours tort. Il ne faut pas de bavards, mais il ne faut pas non plus une liste de neuf muets.

Rappelez-vous enfin ce que je vous ai dit dans ma dernière brochure : Si vous êtes bien convaincus que le travail et la propriété sont solidaires, que, pour faire vos affaires, il faut des mandataires qui n'aient pas d'intérêts opposés aux vôtres, qui soient placés dans une même position sociale, qui vivent de votre vie, qui souffrent et qui espèrent comme vous, vous êtes sauvés et la France avec nous.

Si, au contraire, votre main, durcie par le travail, tope dans la main douce et gantée des fainéants ; si la blouse de coton se fait représenter par le plus fin drap, le propriétaire par le capitaliste, le manœuvre par le gros bourgeois, tous par des aristocrates, vous serez encore volés, mes amis, vous serez volés comme dans un bois.

ADOLPHE LAMBERT (DE NANCY).

Nancy. — Typ. et Lith. de NICOLAS, passage du Casino.